관용어 따라쓰기 1

경필

스쿨존
SCHOOLZONE

손이 수고해야 먹고 산다

말하기와 글쓰기가 더욱 중요해졌습니다.

논술 교육에 대한 연수를 받다가 웃지 못할 이야기를 들었습니다. 한 중등선생님에게 "초등학교에서 어느 정도까지 지도해서 올려 보내야 할까요?"라고 물었더니 "본인이 쓴 글씨, 스스로 알아보고 읽을 수 있게나 해 달라"고 부탁하시더랍니다.

컴퓨터나 핸드폰 안에 다양하고 예쁜 글씨체가 많아 마트에서 물건을 고르듯 자기가 원하는 글씨체를 마음대로 선택해서 사용할 수 있으나, 막상 학교에서는 필기시험이나 수행평가, 더 나아가 논술 시험 등은 자필로 해야 합니다. 보기 좋은 떡이 맛도 좋다고 깨끗하고 단정한 글씨로 써 내려간 글은 설득력이 더 있어 보여 읽는 이의 마음을 붙잡게 됩니다.

그럼 바른 글씨는 어떻게 써야 할까요?

경필은 붓과 대비된 딱딱한 필기도구를 사용하여 궁서체로 쓰는 펜글씨를 말합니다. 개인적으로 어린이들은 꼭 궁서체를 고집할 필요는 없다고 생각합니다. 글씨 크기가 들쑥날쑥하지 않도록 일정하게 유지하는 것이 깔끔한 자신만의 글씨를 만드는 지름길입니다.

글씨를 바르게 쓰는 것은 마음을 바르게 갖는 연습도 됩니다. 차분한 마음과 바른 자세로 정성껏 글씨를 쓰다 보면 올바른 인성 형성뿐 아니라 한글을 사랑하는 마음도 기를 수 있습니다. 평생 간직해야 할 좋은 습관 중 하나가 책읽기와 바르게 글씨쓰기가 아닐까 합니다.

"손이 수고해야 먹고 산다"

이 말은 제가 교실에서 어린이들에게 자주 하는 말 중 하나입니다. 손이 수고하며 이 책을 써 내려가는 동안 어린이들이 자신의 마음과 생각을 닮은 바르고 예쁜 글씨를 갖게 될 것을 기대하며 스쿨존의 '글씨 바로쓰기 시리즈'가 다양한 주제로 계속 발간되기를 제안해 봅니다.

우촌초등학교 교사 김연숙

전체 들여다 보기

따라 쓰면서 익히는 관용어

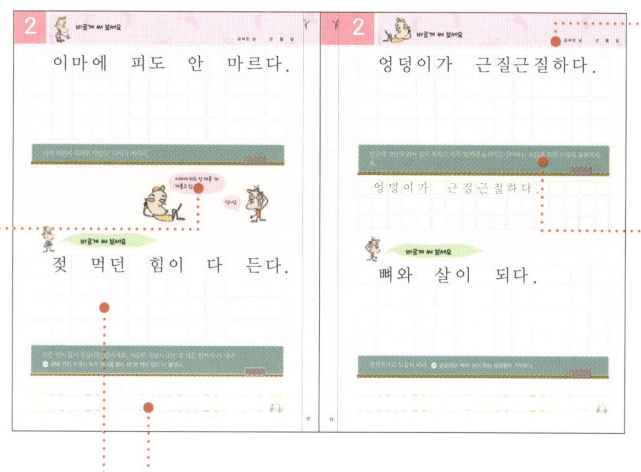

공부한 날을 기록해요.
하고 싶은 만큼 하다 보면
어느새 관용어 124개가 내 거!

캐릭터가 이해를 도와요.
어떤 상황에서 쓰는
관용어인지
웃기게 생긴 아이들이
대화로 알려줘요!

설명을 보며 이해해요.
눈높이에 맞춘 설명과 상황에 맞는
예문이 이해를 도와줘요!

칸 글씨로 한 번! 줄 글씨로 또 한 번!
여러 번 써도 지루하지 않게 글씨도 연습하고 관용어도 익혀요.

다지기는 재밌게~

**십자퍼즐, 자음퀴즈, 알아맞혀 보세요로
제대로 배웠는지 확인해 보아요!**

쉬는 것도 공부라죠~

**미로찾기, 숨은그림찾기로
휴식도 즐겁게!**

1  바르게 써 보세요

공부한 날   년   월   일

삼천포로 빠지다.

① 어떤 일을 성실하게 잘 하다가 엉뚱하게 그르치는 경우에 쓰는 말이에요. ② 이야기가 옆길로 빠지다는 뜻도 있어요.

삼천포로 빠지다.

 바르게 써 보세요

엉덩이가 구리다.

잘못을 저지른 사람 같다는 말로 쓰여요.

1

 바르게 써 보세요

공부한 날   년   월   일

간담이 서늘하다.

'간담(肝膽)'은 '간과 '쓸개'를 말해요. 몹시 놀라서 갑자기 소름이 끼치도록 무섭고 끔찍한 느낌이 들 때 사용하는 말이에요.

간담이 서늘하다.

 바르게 써 보세요

허파에 바람이 들다.

지나치게 웃거나 실없이 행동하는 사람을 보고 이렇게 얘기하죠.

1 바르게 써 보세요

공부한 날   년   월   일

죽을 똥을 싸다.

어떤 일에 몹시 힘을 들이다.
예) 태어나서 처음 해보는 일이라서 모두가 죽을 똥을 쌌다.

죽을 똥을 싸다.

 바르게 써 보세요

코가 빠지다.

걱정거리에 싸여 기가 죽고 맥이 빠진 모습을 표현하는 말이에요.

1  바르게 써 보세요

공부한 날　　년　월　일

간발의 차이

서로 엇비슷할 정도의 아주 작은 차이

간발의 차이

 바르게 써 보세요

다리품을 팔다.

자기가 직접 이것저것 고생하며 알아본다는 뜻이에요. '발품을 팔다'로도 쓰입니다. **예** 엄마는 윤하에게 딱 맞는 옷을 찾느라 다리품을 팔았다.

1  바르게 써 보세요

공부한 날   년   월   일

입이 가볍다.

말이 많거나 들은 얘기를 여기저기 함부로 옮기는 사람을 가리키는 말. 반대말은 '입이 무겁다'

 바르게 써 보세요

입이 무겁다.

말이 적거나 들은 얘기를 함부로 옮기지 않는 사람을 가리켜요. 반대말은 '입이 가볍다'

입이 무겁다.

▶ 다리미, 브로콜리, 양말

2  바르게 써 보세요

공부한 날   년   월   일

귀가 번쩍 뜨이다.

들리는 말에 선뜻 마음이 끌리다.
예 '니 맘대로 해' 하는 엄마의 말에 지용이는 귀가 번쩍 뜨였다.

귀가 번쩍 뜨이다.

 바르게 써 보세요

발이 묶이다.

몸을 움직일 수 없거나 활동할 수 없는 상태가 되다.

 **2**  바르게 써 보세요

공부한 날   년   월   일

어깨를 겨누다.

서로 비슷한 지위나 힘을 가지다. 어떤 사람과 높고 낮음이 없이 비슷한 위치에서 실력을 겨눌 때 쓰는 말. '어깨를 견주다'로도 쓰입니다.

어깨를 겨누다.

 바르게 써 보세요

코 묻은 돈

어린아이가 가진 적은 돈 예 "삼촌이 코 묻은 돈을 빼앗을까 봐?"

2 바르게 써 보세요

공부한 날   년   월   일

이마에 피도 안 마르다.

아직 어른이 되려면 멀었다. 나이가 어리다.

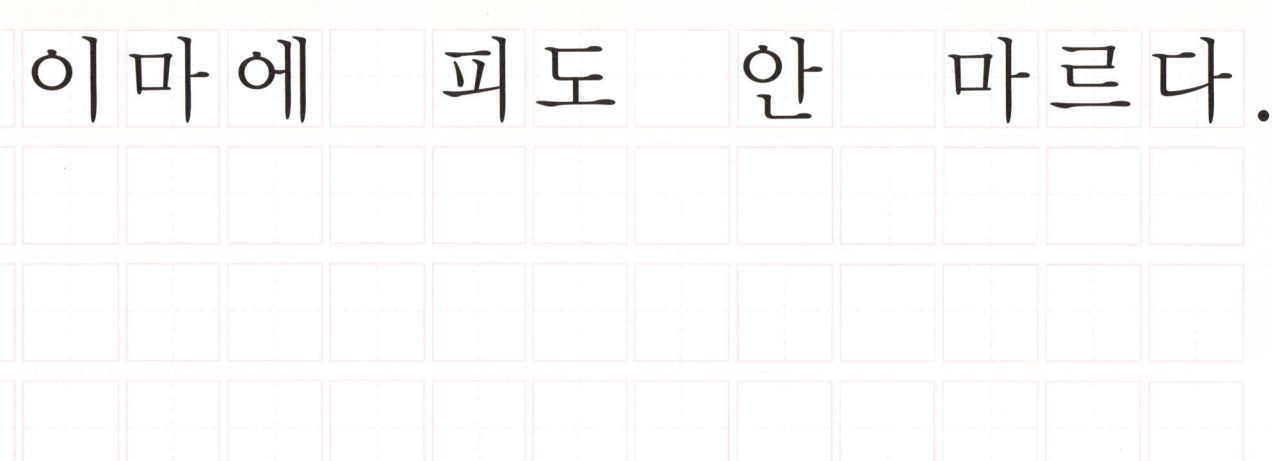

젖 먹던 힘이 다 든다.

무슨 일이 몹시 힘들다는 말이에요. 비슷한 속담으로는 '젖 먹은 힘까지 다 낸다'
예) 땅에 박힌 쓰레기 조각 하나를 뽑는 데 젖 먹던 힘이 다 들었다.

2 바르게 써 보세요

공부한 날   년   월   일

엉덩이가 근질근질하다.

한군데 가만히 앉아 있지 못하고 자꾸 일어나 움직이고 싶어하는 모습을 보면 이렇게 표현하지요.

엉덩이가 근질근질하다.

바르게 써 보세요

뼈와 살이 되다.

정신적으로 도움이 되다. 예 성경에는 뼈와 살이 되는 말씀들이 가득하다.

2 바르게 써 보세요

공부한 날   년 월 일

허리가 휘다.

① 경제적으로 힘들어져 생활이 어려운 상태가 되다. ② 심하게 힘든 일을 한 후 느끼는 힘겨운 상태

허리가 휘다.

바르게 써 보세요

오도 가도 못하다.

한곳에서 자리를 옮기거나 움직일 수 없는 상태가 되다. '가도 오도 못하다'로도 씁니다. 예 길을 잃어 오도 가도 못하고 있을 때 저 멀리서 엄마가 보였다.

2 바르게 써 보세요

공부한 날   년   월   일

코가 납작해지다.

몹시 무안을 당하거나 기가 죽다.
예) 달리기 경주에서 거북이에게 지고 코가 납작해진 토끼는 낮잠을 잤던 걸 깊이 후회했다.

 바르게 써 보세요

눈에 불을 켜다.

몹시 욕심을 내거나 관심을 기울이다. 화가 나서 눈을 부릅뜨다. '눈에 불을 달다'로도 씁니다.

눈에 불을 켜다.

2

바르게 써 보세요

공부한 날   년 월 일

가랑이가 찢어지다.

'똥꾸멍이 찢어지다'로도 표현하죠. ① 몹시 가난함을 표현하는 말 ② 하는 일이 힘에 부치어 해 나가기가 매우 벅찰 때도 사용합니다.

가랑이가 찢어지다.

바르게 써 보세요

가려운 곳을 긁어주다.

남에게 꼭 필요한 것을 잘 알아서 그것을 시원하게 만족시켜 주는 것을 이르는 말

16

 알아맞혀 보세요!

가족들과 제주도 여행을 가게 된 민희는 한껏 들뜬 마음으로 비행기에 탔습니다. 하지만 제주공항에 도착한 민희는 울상이 되었습니다. 일기예보와는 다르게 제주도에는 비가 내리고 있었으니까요.

"엄마! 겨울인데 왜 눈이 아니고 비가 오는거야?"

"아~ 제주도는 겨울이긴 하지만 날씨가 따뜻한 편이라서 다른 지역에 비해 눈이 많이 내리지는 않는단다."

"내일도 비가 오면 어떻게 해? 한라산도 가야 하고 일출도 보러 가야 하는데…."

그렇게 민희네는 날씨가 좋기를 바라며 숙소에 짐을 풀었습니다. 다음날 아침, 잠을 설친 민희가 제일 먼저 일어났습니다.

"야호! 비가 그쳤어요. 날씨가 너무 좋아요!"

눈부신 햇살에 기쁨의 환호성을 지르며 둘째날의 여행을 시작했습니다.

하지만 기쁨도 잠시. 오후부터 눈발이 날리기 시작했고, 삽시간에 제주도를 새하얀 세계로 만들어갔습니다. 어렵사리 숙소로 돌아온 민희네 가족은 너무 많이 쌓인 눈으로 인해 숙소 밖을 나가기도 힘들었고 비행기, 배 등 모든 교통수단의 운행이 중단돼서 서울로 돌아올 수도 없었습니다. 그렇게 3일 동안 여행도 제대로 못하고 ○○ ○○ 민희네 가족은 눈이 사그라들고서야 집으로 돌아올 수 있었습니다.

Q. ○○ ○○에 들어갈 관용어는 무엇일까요? 눈으로 인해 제주도 숙소에서 꼼짝 못했던 민희네 식구들을 나타낸 표현입니다.

A.

▶ 정답 : 옴짝 달싹

3  바르게 써 보세요

공부한 날   년   월   일

서슬이 푸르다.

기세가 무섭고 등등하다. 서슬이란 도끼나 칼 등 쇠붙이로 된 연장이나 유리조각 등의 날카로운 부분으로 이 부위가 날카롭게 빛난다는 표현에서 유래되었어요.

속이 끓다.

화가 나거나 억울한 일을 당해서 분한 마음이 치밀어 오를 때 쓰는 표현

속이 끓다.

3 바르게 써 보세요

공부한 날   년   월   일

누구 코에 붙이겠는가

여러 사람에게 나누어 주어야 할 물건이 너무 적을 때 사용하는 표현. '누구 입에 붙이겠는가'로도 사용합니다. 예 "친구들도 많은데 누구 코에 붙여요?"

누구 코에 붙이겠는가

 바르게 써 보세요

눈물이 앞서다.

말을 하지 못하고 눈물을 먼저 흘리다.

3 바르게 써 보세요

공부한 날   년 월 일

쥐 새끼 한 마리 얼씬

하지 않다.

사람은커녕 움직이는 동물조차 찾아볼 수 없다는 뜻으로, 아무것도 다니지 않고 조용하다는 말. '개 새끼 한 마리 얼씬하지 않다'로도 표현합니다.

쥐 새끼 한 마리 얼씬하지 않

다.

음... 여긴 쥐 새끼 한 마리 얼씬하지 않겠군.

ㅋㅋㅋ
나 요기 있는데~

3  바르게 써 보세요

공부한 날   년   월   일

입만 아프다.

여러 번 말하여도 받아들이지 않아 말한 보람이 없을 때 쓰는 표현이에요.
예) "네 물건 잘 챙기라고 그렇게 얘기했는데, 지갑을 잃어버려? 엄마가 입만 아프구나."

입만 아프다.

 바르게 써 보세요

코가 높다.

잘난 체하고 뽐내는 기세가 있다. 예) 민지는 우리 학교에서 코가 높기로 유명하다.

3 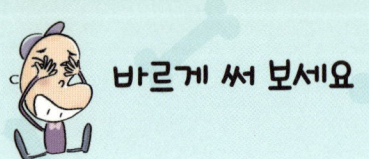 바르게 써 보세요

공부한 날   년 월 일

혀가 꼬부라지다.

병이 들거나 술에 취해서 혀가 굳어 말하는 것이 뚜렷하지 않다.
예) 잔뜩 취한 아빠의 혀 꼬부라진 소리는 정말로 듣기가 싫다.

혀가 꼬부라지다.

 바르게 써 보세요

강 건너 불구경

자기에게 관계없는 일이라고 무관심하게 바라보는 모양을 일컫는 말이에요.

 **3**  바르게 써 보세요

공부한 날   년   월   일

손끝이 여물다.

일하는 것이 빈틈 없고 매우 꼼꼼하다.

 바르게 써 보세요

코에서 단내가 나다.

몹시 힘들게 일해서 몸이 피로하다는 표현입니다.
예) "코에서 단내가 날 정도로 열심히 청소했어요!"

코에서 단내가 나다.

관용어 십자퍼즐

❶ 서로 엇비슷할 정도의 아주 작은 차이.

❷ 무슨 일이 몹시 힘듦을 비유하여 이르는 말. 비슷한 속담으로는 '젖 먹은 힘까지 다 낸다'가 있죠.

❸ 어떤 일에 몹시 힘을 들이다. "처음 치르는 일에 모두가 ○○ ○○ ○○."

❹ 아직 어른이 되려면 멀었다. 또는 나이가 어림을 이르는 말.

❺ 근심에 싸여 기가 죽고 맥이 빠지다.

❻ 한군데 가만히 앉아 있지 못하고 자꾸 일어나 움직이고 싶어하는 모습을 볼 때 이런 말을 쓰죠.

❶ 몹시 놀라서 갑자기 소름이 끼치도록 무섭고 끔찍한 느낌이 들다.

❷ 자기가 직접 이것저것 고생하며 알아본다는 의미. '발품을 팔다'라고도 표현합니다.

❸ 몹시 욕심을 내거나 관심을 기울이다. 화가 나서 눈을 부릅뜨다.

❹ 한곳에서 자리를 옮기거나 움직일 수 없는 상태가 되다.

❺ 몹시 가난함을 비유적으로 표현하는 말. 또는 하는 일이 힘에 부치거나 일손이 부족해 해나가기가 매우 벅찰 때도 사용하는 표현입니다.

4 바르게 써 보세요

공부한 날   년   월   일

엉덩이가 무겁다.

한번 자리를 잡고 앉으면 좀처럼 일어나지 않는다. '엉덩이가 질기다' '밑이 무겁다'로도 표현합니다.

엉덩이가 무겁다.

바르게 써 보세요

팔을 걷어붙이다.

어떤 일에 뛰어들어 적극적으로 나서다. '팔소매를 걷다'라고도 씁니다.

4 바르게 써 보세요

공부한 날   년   월   일

가슴이 찢어지다.

슬픔이나 분함 때문에 가슴이 깨지는 듯한 고통을 받다.
예) 자식 잃은 부모 가슴은 찢어진다.

 바르게 써 보세요

피도 눈물도 없다.

조금도 인정머리가 없다. 예) 그녀는 피도 눈물도 없는 잔인한 마녀였다.

피도 눈물도 없다.

4 바르게 써 보세요

공부한 날   년   월   일

살을 깎고 뼈를 갈다.

몸이 마를 만큼 몹시 고생하며 애쓰다.
예) 아빠의 오랜 투병생활은 엄마에게 살을 깎고 뼈를 가는 고통이었다.

살을 깎고 뼈를 갈다.

 바르게 써 보세요

낯가죽이 두껍다.

부끄러운 줄 모르도록 염치가 없다. '얼굴이 두껍다'라고도 하죠.

4 바르게 써 보세요

고삐 풀린 망아지

거칠게 행동하는 사람을 이르는 말. 어떤 통제에서 벗어나 자유로워진 사람을 보고 이렇게 얘기하죠. 예) 수업이 끝나자 기현이는 고삐 풀린 망아지처럼 운동장을 뛰어다녔다.

고삐 풀린 망아지

바르게 써 보세요

똥줄이 타다.

몹시 힘이 들거나 마음을 졸이는 상황 예) 공부를 안했는데 시험날이 다가오니 똥줄이 탄다.

4  바르게 써 보세요

공부한 날   년 월 일

도깨비에 홀린 것 같다.

돌아가는 상황을 알 수 없어 정신을 차리지 못할 때 쓰는 말이에요.
예) 토끼를 쫓아 온 앨리스는 마치 도깨비에 홀린 것 같았다.

도깨비에 홀린 것 같다.

 바르게 써 보세요

게 눈 감추듯

음식을 허겁지겁 빨리 먹어 치우는 모습을 볼 때 이런 말을 하죠.

공부한 날   년 월 일

4 바르게 써 보세요

공부한 날   년 월 일

정신이 팔리다.

제 할 일을 잊을 정도로 다른 데 정신이 쏠리다.
예) 텔레비전에 정신이 팔린 윤서는 엄마가 불러도 모르고 있었다.

 바르게 써 보세요

눈에 선하다.

지난 일이나 모양이 눈앞에 생생하게 보이는 것처럼 기억나다.

눈에 선하다.

관용어 자음퀴즈

ㅇㄷㅇㄱ   ㄱㅈㄱㅈㅎㄷ

① 4교시 수업이 끝나고 점심시간을 알리는 종이 울리기 전 우리는 항상 이렇죠~.

② 운동을 좋아하는 내 친구는 체육시간이 가까워오면 가만히 있지를 못해요.

③ 소풍가는 날은 학교를 빨리 가고 싶어서 새벽같이 일어나서 준비하게 되고….

④ 이와 반대되는 관용어로는 '엉덩이가 무겁다'가 있습니다.

답 ▶ _____

ㅎㄱ   ㅅㅉㅇㅅ   ㄸㄷ

① 항상 지각하는 내가 지각하지 않고 학교에 가면 담임선생님이 하시는 말씀.

② 학교에서 돌아오자 마자 알아서 숙제를 하고 있는 나를 보면 엄마는 이렇게 말씀하시죠?

③ 친구가 빌려달라는 지우개가 새로 산 거라 안 빌려 줬었는데 오늘 빌려주니까 친구가 이런 말을 하네요.

④ 원래 해는 어느 쪽에서 뜰까요? ^^ 반대로 생각하면 되겠지요?

답 ▶ _____

▶ 엉덩이가 근질근질하다 ▶ 해가 서쪽에서 뜨다

5 바르게 써 보세요

공부한 날   년   월   일

두 말 하 면   잔 소 리

이미 말한 내용이 틀림없으므로 더 말할 필요가 없음을 강조하는 표현
예 "그 만화 재밌냐고? 두말하면 잔소리지~."

두 말 하 면   잔 소 리

 바르게 써 보세요

진 이   빠 지 다 .

싫증이 나거나 실망해서 할 마음이 없어지다. 또는 힘을 다 써서 기진맥진하다.

5 바르게 써 보세요

공부한 날   년 월 일

코 먹은 소리

코가 막혀서 부자연스럽게 콧속을 울려 나는 소리
예) 코피가 나서 휴지로 막았더니 코 먹은 소리가 났다.

코 먹은 소리

 바르게 써 보세요

마음에 두다.

잊지 않고 마음속에 새겨 두다.

공부한 날   년 월 일

5 바르게 써 보세요

공부한 날   년   월   일

간이 콩알만해지다.

몹시 겁이 나서 불안하고 초조하여 마음을 펴지 못하다.

바르게 써 보세요

발이 넓다.

아는 사람이 많아 활동하는 범위가 넓다. 예) 주희는 학교에서 발이 제일 넓다.

발이 넓다.

5  바르게 써 보세요

공부한 날   년   월   일

손에 땀을 쥐다.

> 아슬아슬하여 마음이 조마조마하도록 몹시 애닯다.
> 예) 이번 운동회에서 이어달리기는 손에 땀을 쥐는 최고의 경기였다.

손에 땀을 쥐다.

 바르게 써 보세요

아픈 곳을 건드리다.

> 상대방의 약점이나 허점을 말하거나 지적하다.

공부한 날   년   월   일

5 바르게 써 보세요

공부한 날   년   월   일

피를 말리다.

몹시 속을 썩이거나 괴롭혀 애가 타게 만들다.
예) 3학년 줄다리기는 좀처럼 승부가 나지 않아 각 반 응원단의 피를 말렸다.

바르게 써 보세요

입을 씻다.

이익 따위를 혼자 차지하거나 가로채고서는 시치미를 떼다.

입을 씻다.

5 바르게 써 보세요

공부한 날   년 월 일

하늘이 노래지다.

갑자기 힘이 다하거나 큰 충격을 받아 정신이 아찔하다는 의미예요.
예) 경미는 엄마가 쓰러지셨다는 소식을 듣고 하늘이 노래졌다.

하늘이 노래지다.

 바르게 써 보세요

손이 크다.

씀씀이가 후하고 크다.

🥕 알아맞혀 보세요!

경미와 미연이는 울산에서 태어나 같은 유치원, 같은 초등학교를 다녔습니다.

초등학교 5학년이 되던 해, 경미네 식구들은 서울로 발령을 받은 아버지와 함께 모두 이사를 가게 되었습니다. 경미가 전학을 가버려 서로 만나지는 못했지만 전화통화로 안부를 묻곤 했습니다. 그러던 어느날 미연이는 경미로부터 기다리던 전화를 받았습니다.

"여보세요, 미연이니? 나 경미야!"

"어, 경미야! 너무 반갑다. 잘 지내지?"

"응, 난 잘 지내. 미연아! 나 이번 여름방학에 울산으로 놀러 가~ 서울에서 친구도 사귀었지만 미연이 니가 너무너무 보고 싶어서 엄마 아빠한테 졸랐거든."

"우와~ 정말이야? 그럼 우리 이번 여름방학에 만날 수 있겠네?"

"응. 미연아, 옛날에 우리 바닷가에서 함께 수영하면서 놀았잖아…."

"그럼, 수영만 했게? 친구들이랑 밤 늦게까지 숨바꼭질도 하고, 엄마 몰래 아이스크림도 왕창 먹었잖아."

"맞아맞아! 그때 우리 둘다 배탈 나서 계속 화장실만 들락거리고, 엄마한테 엄청 혼났었는데…."

"꺄악~ 정말 ○○ ○○○. 경미야! 우리 이번 방학 때 더 재밌게 놀자. 알았지? 너무 기대된다."

Q. 지난 일을 마치 눈앞에 보이는 것처럼 생생하게 기억해 낼 때 사용하는 표현입니다. ○○ ○○○에 맞는 관용어는 무엇일까요?

A.

◀ 정답 : 눈에 선하다

6  바르게 써 보세요

공부한 날   년 월 일

호떡집에 불난 것 같다.

왁자지껄하게 떠들어 시끄럽다는 의미
예) 점심시간이 되면 우리반은 항상 호떡집에 불난 것 같다.

호떡집에 불난 것 같다.

 바르게 써 보세요

화살을 돌리다.

다른 사람에게 받는 지적이나 공격 등을 다른 쪽으로 돌릴 때 사용하는 표현

6 바르게 써 보세요

공부한 날   년   월   일

털끝도 못 건드리게 하다.

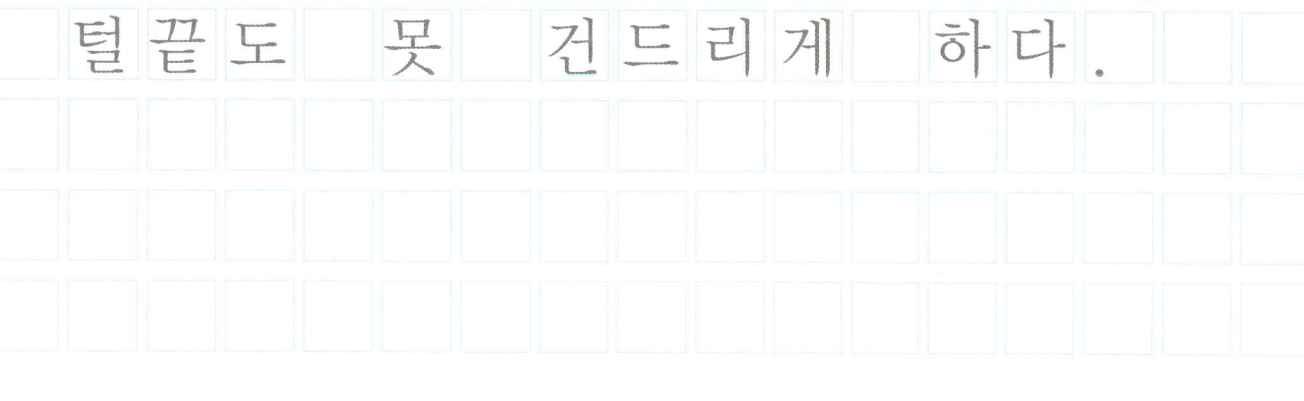

조금도 손을 대지 못하게 할 때 이렇게 표현합니다.
예) 지후는 자기가 아끼는 물건은 남들이 털끝도 못 건드리게 했다.

털끝도 못 건드리게 하다.

6

 바르게 써 보세요

공부한 날   년   월   일

등골이 서늘하다.

두려움으로 아찔하고 등골(등 한가운데로 길게 고랑이 진 곳)이 떨리다.
예) 캄캄한 동굴 속으로 들어서자 규태는 등골이 서늘해짐을 느꼈다.

등골이 서늘하다.

 바르게 써 보세요

귀에 못이 박히다.

같은 말을 여러 번 듣다.

등골이 서늘하다.

6 바르게 써 보세요

공부한 날   년   월   일

발에 차이다.

여기저기 흔하게 널려 있다. '발에 채다'로도 표현해요.
예) 우리 집에는 발에 차이는 게 장난감이다.

 바르게 써 보세요

코 묻은 떡

하는 짓이 몹시 치사하고 지저분하다는 말이에요.

코 묻은 떡

6 바르게 써 보세요

공부한 날   년 월 일

학을 떼다.

괴롭거나 어려운 상황을 벗어나려고 진땀을 빼거나 그것에 거의 질려버릴 때 사용하는 표현이에요. 학질(말라리아)이라는 병을 떼다, 고치다라는 말에서 유래되었어요.

학을 떼다.

바르게 써 보세요

색안경을 쓰다.

있는 그대로 보지 않고 선입견을 가지다.

숨은그림찾기

▶ 삼각자, 장화, 야구방망이

7 바르게 써 보세요

공부한 날   년   월   일

식은 죽 먹기

거리낌 없이 아주 쉽게 예사로 하는 모양

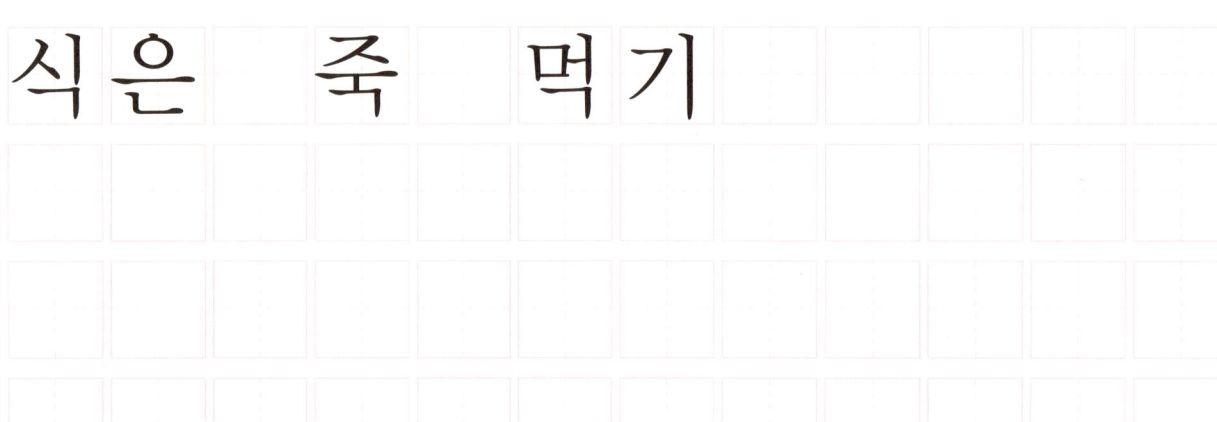

바르게 써 보세요

눈에 밟히다.

잊히지 않고 자꾸 떠오르다.
예) 선생님께 혼나던 동생의 모습이 눈에 밟혀 동혁이는 그냥 갈 수 없었다.

7 바르게 써 보세요

공부한 날   년   월   일

코빼기도 못 보다.

도무지 나타나지 않아 어디에서도 전혀 볼 수 없다.

코빼기도 못 보다.

 바르게 써 보세요

머리가 굵다.

머리가 크다, 즉 성인이 되다.
예) 학생들이 머리가 굵어서 말도 잘 안 듣는다.

7 바르게 써 보세요

공부한 날   년   월   일

문지방이 닳도록 드나들
다.

문지방이 닳아 없어질 만큼 자주 왔다 갔다 한다.
예) 호동이는 PC방 문지방이 닳도록 드나들었다.

문지방이 닳도록 드나들다.

7 바르게 써 보세요

공부한 날   년   월   일

개 발에 땀 나다.

땀이 잘 나지 않는 개 발에 땀이 나듯이 부지런히 노력해서 어려운 일을 해낸다는 말이에요.
예) 이모는 개 발에 땀 나듯 열심히 공부해서 공무원 시험에 합격했다.

개 발에 땀 나다.

 바르게 써 보세요

오금이 저리다.

공포감 따위에 맥이 풀리고 마음이 졸아들다. 예) 갑자기 내리친 천둥 소리에 오금이 저렸다.

7 바르게 써 보세요

공부한 날   년   월   일

종이 한 장 차이

사물의 간격이나 틈이 아주 작을 때 표현하는 말. 갯수나 정도의 차이가 매우 적을 때도 이렇게 말합니다.

바르게 써 보세요

때 빼고 광 내다.

몸치장을 하고 멋을 내다. 예) 오늘 선 보러 가는 삼촌은 오랜만에 때 빼고 광 낸 모습이었다.

때 빼고 광 내다.

7 바르게 써 보세요

공부한 날   년   월   일

삼십육계 줄행랑을 놓다.

매우 급하게 도망 치는 모습을 표현하는 말이에요. 여기서 삼십육계는 서른여섯 가지의 꾀를 뜻해요. **예** 호랑이를 본 아낙은 보따리도 버리고 삼십육계 줄행랑을 놓았다.

삼십육계 줄행랑을 놓다.

 바르게 써 보세요

애가 타다.

너무 걱정이 되어서 속이 타는 듯하다.

관용어 십자퍼즐

❶ 몸이 이 정도로 야윌 만큼 몹시 고생하며 애쓰다.

❷ 코가 막혀서 부자연스럽게 콧속을 울려 나는 소리를 일컫는 말이에요.

❸ 여러 번 말하여도 받아들이지 않아 말한 보람이 없다는 뜻.

❹ 조금도 손을 대지 못하게 하는 상황을 가리켜 이렇게 이야기하죠.

❶ 다른 사람의 어떤 지적이나 공격 따위를 다른 쪽으로 돌리다.

❷ 거칠게 행동하는 사람을 이르는 말로 어떤 통제에서 벗어나 자유로워진 사람을 보면 이렇게 표현하지요.

❸ 하는 짓이 몹시 치사하고 지저분하다.

❹ 아는 사람이 많아 활동하는 범위가 넓은 사람을 두고 이르는 표현이에요.

❺ 도무지 나타나지 않아 전혀 볼 수 없음을 이르는 말.

❻ 일하는 것이 빈틈없고 매우 꼼꼼한 사람을 가리키는 말이에요.

❼ 음식을 허겁지겁 빨리 먹어 치우는 사람을 보고 이렇게 표현합니다.

8 바르게 써 보세요

공부한 날   년   월   일

귀가 간지럽다.

남이 자기 말을 하는 느낌을 받다.
예) 진주는 친구들이 약속에 늦은 자신의 흉을 보는 것은 아닐까 귀가 간지러웠다.

 바르게 써 보세요

손에 잡히다.

마음이 차분해져 일할 마음이 내키고 능률이 나다.
예) 하루종일 예쁜 신아 생각에 공부가 손에 잡히지 않는다.

손에 잡히다.

8 바르게 써 보세요

공부한 날   년   월   일

입에 풀칠하다.

굶지 않고 겨우 먹고살아 가다.
예) 아빠 혼자 벌어서는 우리 열 식구 입에 풀칠하기도 어렵다.

입에 풀칠하다.

 바르게 써 보세요

허리를 펴다.

어려운 고비를 넘기고 편하게 지낼 수 있게 되다.

8 바르게 써 보세요

공부한 날   년   월   일

얼굴이 반쪽이 되다.

병으로 앓거나 고통을 겪어 얼굴이 몹시 수척해지다.

 바르게 써 보세요

탈을 벗다.

거짓으로 꾸민 모습을 버리고 본래의 모습을 드러내다.

탈을 벗다.

8 바르게 써 보세요

공부한 날   년   월   일

발 들여놓을 자리 하나
없다.

집에 안 갔어?

나왔어. 친척들이 많이 오셔서 발 들여놓을 자리 하나 없더라구~

사람이 너무 많이 있어 매우 비좁을 때 쓰는 말. 많은 물건이 질서 없이 놓여 있거나 어지럽고 지저분할 때도 이렇게 표현합니다.

발 들여놓을 자리 하나 없다.

발 들여놓을 자리 하나

8 바르게 써 보세요

공부한 날   년 월 일

흰 눈으로 보다.

업신여기거나 못마땅하게 여기다.
예) 길거리에서 생활하는 그를 사람들은 흰 눈으로 보았다.

흰 눈으로 보다.

 바르게 써 보세요

마음은 굴뚝같다.

무엇을 간절히 하고 싶거나 원하다.

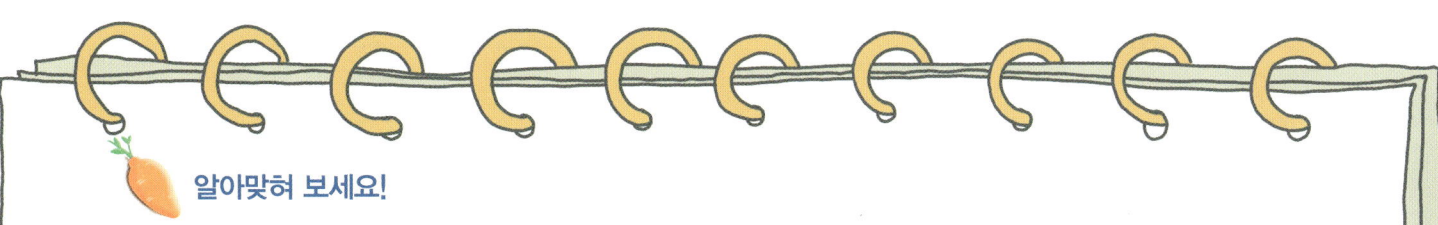

알아맞혀 보세요!

"경재야! 원선이가 장염에 걸려서 오늘 결석했데."

"그래? 이상하다. 어제 종일 우리랑 같이 놀았는데 왜 원선이만 장염에 걸렸지?"

"그러게 말이야. 혹시 어제 우리랑 같이 축구하다가 선생님이 급하게 불러서 교무실에 가느라 손을 안 씻은 거 아냐?"

"맞다. 수돗가 가는 길에 선생님이 찾는다고 해서 원선이만 먼저 들어갔지?"

"응, 교무실 갔다 오고 나서 곧바로 점심시간이라서 밥 먹었잖아."

"엄마가 그러는데 여름엔 날씨가 더워서 세균도 빨리 번식하고 음식도 금방 상한대. 원선이 밥 먹을 때도 손 안 닦았나 보다."

"배탈이 날 만도 하네."

친구들은 방과 후 원선이네 집에 병문안을 갔고, 기운이 하나도 없는 얼굴로 침대에 누워 있는 원선이를 보게 되었습니다.

"원선아! 어떻게 된거야? 하루 사이에 ○○○ ○○○ ○○. 많이 아팠어?"

"응. 설사를 계속 해서 화장실을 얼마나 왔다 갔다 했는지 앉아 있을 기운도 없다."

"병원에 입원하진 않아서 그나마 다행이야. 빨리 털고 일어나서 다시 축구해야지!"

Q. ○○○ ○○○ ○○에 맞는 관용어는 무엇일까요? 병을 앓거나 고통을 겪어 얼굴이 무척이나 수척해 보일 때 쓰는 표현입니다.

A.

▶ 정답 : 얼굴이 반쪽이 됐어

9  바르게 써 보세요

공부한 날   년 월 일

간이 붓다.

지나치게 겁이 없다. 예 "나한테 덤비다니 이놈이 간이 부은 모양이군."

 바르게 써 보세요

눈이 뒤집히다.

충격적인 일을 당하거나 어떤 일에 집착하여 이성을 잃다. 화가 나서 보이는 것이 없음을 표현하는 말이죠.

눈이 뒤집 히다.

9 바르게 써 보세요

공부한 날   년   월   일

몸이 달다.

몹시 하고 싶거나 기다려서 마음이 조급해지다.
예) 형우는 유럽여행이 하고 싶어 몸이 달았다.

 바르게 써 보세요

변죽을 울리다.

변죽은 그릇이나 물건의 가장자리를 일컬어요. 가장자리를 두드리면 가운데까지 울리게 되죠. 조심스러워서 가장자리를 두드려서 알게 한다는 뜻이에요. 핵심은 찌르지 못하고 겉가지만 건드린다는 부정적인 뜻도 있어요. 비슷한 우리말로는 '에두르다'가 있어요. 예) "자꾸 변죽만 울리지 말고 딱 부러지게 용건을 말하세요."

9  바르게 써 보세요

공부한 날   년   월   일

목에 힘을 주다.

남을 깔보는 듯한 태도를 갖다. "목을 뻣뻣이 세우다"라고도 하죠.
예) 고학년이 되자 목에 힘을 주고 학교에 가는 동생이 귀여웠다.

 바르게 써 보세요

목을 조이다.

약점을 잡아 꼼짝 못하게 하다.

목을 조이다.

음~ 목을 조여 오는 놈의 정체를 모르겠어...

9  바르게 써 보세요

공부한 날   년   월   일

어깨가 무겁다.

무거운 책임을 져서 마음에 부담이 크다.
예) 학교 회장에 당선된 언니는 그만큼 어깨가 무겁다고 했다.

어깨가 무겁다.

 바르게 써 보세요

몸을 던지다.

온갖 정열을 다 기울여 어떤 일에 열중하다.

9 바르게 써 보세요

공부한 날   년 월 일

무릎을 치다.

갑자기 어떤 놀라운 사실을 알게 되었거나 희미한 기억이 되살아날 때, 또는 몹시 기쁠 때 쓰는 표현. '무릎을 탁 치다'로 많이 쓰죠.

무릎을 치다.

 바르게 써 보세요

벼락 맞을 소리

천벌을 받아 마땅할 만큼 당치 않은 말 예 "내가 컨닝을 했다고? 벼락 맞을 소리 하지 마!"

9 바르게 써 보세요

공부한 날   년   월   일

해가 서쪽에서 뜨다.

전혀 예상 밖의 일이나 절대로 있을 수 없는 희한한 일을 하는 경우를 빗대어 이르는 말이에요.
예) "우리 아들이 이렇게 일찍 일어난 걸 보니 해가 서쪽에서 뜨겠네."

해가 서쪽에서 뜨다.

 바르게 써 보세요

소리 소문도 없이

드러나는 것 없이 슬그머니 예) 그날 밤 모두가 소리 소문도 없이 도망갔다.

 미로찾기

10 바르게 써 보세요

공부한 날   년 월 일

머리를 모으다.

여러 사람의 의견을 종합하다. 예) 우리 반 친구들은 머리를 모아 스승의 날 이벤트를 준비했다.

 바르게 써 보세요

입이 쓰다.

못마땅하여 기분이 언짢다. '입안이 쓰다'고도 표현합니다.

입이 쓰다.

10 바르게 써 보세요

공부한 날   년   월   일

입 밖에 내다.

어떤 생각이나 사실을 말로 드러내다.
예) 지수는 어제 본 일을 입 밖에 내지 않는다.

입 밖에 내다.

 바르게 써 보세요

입을 모으다.

여러 사람이 같은 의견을 말하다.

10 바르게 써 보세요

공부한 날   년   월   일

허리를 잡다.

웃음을 참을 수 없어 고꾸라질 듯이 마구 웃다.
예) 시아의 웃기는 재주에 아이들이 모두 허리를 잡고 웃었다.

허리를 잡다.

 바르게 써 보세요

배를 불리다.

재물이나 이득을 많이 차지하여 개인적인 이익과 욕심을 채우다.

10 바르게 써 보세요

공부한 날　년　월　일

발을 끊다.

오가지 않거나 관계를 끊다.

발을 끊다.

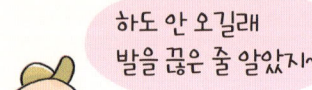

바르게 써 보세요

배를 두드리다.

생활이 풍족하거나 살림살이가 풍부하여 여유롭게 지내다.

10 바르게 써 보세요

공부한 날   년   월   일

간에 기별도 안 가다.

먹은 것이 너무 적어 먹으나 마나 하다.

바르게 써 보세요

귀에 익다.

어떤 말이나 소리를 자주 들어 버릇이 된다는 의미. 들은 기억이 있다.
예) 라디오에서 귀에 익은 노래가 흘러나오고 있었다.

귀에 익다.

10 바르게 써 보세요

공부한 날   년   월   일

가슴을 저미다.

생각이나 느낌이 매우 간절하여 가슴을 칼로 베는 듯한 아픔을 느끼게 하다.
예) 할머니 유품은 10년이 지나도록 엄마의 가슴을 저미게 했다.

가슴을 저미다.

바르게 써 보세요

가슴이 찔리다.

심한 양심의 가책을 받다.

알아맞혀 보세요!

"엄마~! 내 짝 선영이는 집에서 강아지 키운대. 우리도 키워요!"

"홍희야, 동물을 키운다는 건 장난감을 갖는 것과는 다른 거야. 챙겨주고 책임져야 할 일들이 많단다."

"네, 저도 알아여. 선영이는 강아지 목욕도 시키고, 산책도 시키고, 밥도 주고, 똥 오줌도 모두 다 자기가 치운데요. 저도 할 수 있어요."

"정말 그렇게 다 한다고?"

"그럼요. 선영이도 하는데 제가 못할까봐요? 우리도 강아지 키워요~. 네? 엄마~ 제발요."

다음날 엄마 아빠는 강아지 한 마리를 입양해 왔습니다. 홍희는 학교가 끝나자 마자 쏜살같이 집으로 달려와 부모님과의 약속을 하루도 빠짐없이 잘 지켰습니다.

그러던 어느날, 홍희는 혼자 강아지를 산책 시키러 나갔다가 울면서 집으로 돌아왔습니다.

"엄마~! 어떡해요. 놀이터 가는 길에 갑자기 차가 쌩하고 옆으로 지나가는 바람에 제가 삐삐 목줄을 놓쳤는데, 삐삐가 혼자 뛰어갔어요. 어디로 갔는지 찾을 수가 없어요. 엄마, 어떻게 해요? 엉~엉!"

혼자 강아지를 찾던 홍희는 ○○ ○○ 엄마에게 왔던 것이죠. 엄마와 함께 집에서부터 놀이터 주변까지 구석구석 살피던 홍희는 결국 놀이터 한쪽 나무덤불 뒤에서 온몸을 덜덜 떨며 숨어 있는 삐삐를 발견할 수 있었습니다.

홍희에게는 삐삐를 찾던 몇 분의 시간이 몇 시간처럼 길게 느껴졌습니다.

Q. 너무 걱정이 돼서 속이 탄다는 표현이에요. ○○ ○○에 맞는 관용어는 무엇일까요?

A.

▶ 정답 : 애가 타다

11 바르게 써 보세요

공부한 날   년 월 일

뜸을 들이다.

일이 잘 이루어지도록 일정한 상태에서 충분히 익게 하는 걸 말해요. 또는 말과 행동이 답답할 정도로 느린 사람을 두고도 같은 표현을 한답니다.

뜸을 들이다.

 바르게 써 보세요

막다른 골목

더는 어떻게 할 수 없는 절박한 경우

11 바르게 써 보세요

공부한 날   년   월   일

열을 올리다.

① 흥분하여 화를 내다 ② 무엇에 열중하거나 열성을 보이는 모습 ③ 기세를 높이다
'열을 내다'로도 많이 쓰죠. 예) "네가 그렇게 열 올릴 일이 아니니 참아라."

바르게 써 보세요

애간장을 끓이다.

몹시 초조하고 안타까워서 속을 많이 태우다.
예) 아이의 수술이 끝나기를 기다리며 엄마는 애간장을 끓였다.

애간장을 끓이다.

11  바르게 써 보세요

공부한 날 　 년　월　일

주먹이 울다.

속 마음 같아서는 주먹으로 때리고 싶으나 참는다는 뜻
예) "저런 나쁜 놈을 보고도 가만히 있어야 하니 주먹이 우는구나!"

 바르게 써 보세요

입이 짧다.

음식을 심하게 가리거나 적게 먹다.

입이 짧다.

11 바르게 써 보세요

공부한 날   년 월 일

코가 땅에 닿다.

머리를 깊이 숙이다. **예** 할아버지를 처음 본 기형이는 코가 땅에 닿게 절을 했다.

코가 땅에 닿다.

바르게 써 보세요

낯을 붉히다.

부끄럽거나 성이 나서 얼굴 빛이 붉어지다.

11 바르게 써 보세요

공부한 날　년　월　일

골머리를 썩이다.

몹시 애를 쓰며 생각에 몰두하다.
예) 그 문제로 골머리를 썩일 필요는 없다.

 바르게 써 보세요

부아가 나다.

부아가 돋다. 분한 마음이 나다.

부아가 나다.

11 바르게 써 보세요

공부한 날   년   월   일

동티가 나다.

건드려서는 안 될 것을 건드려 스스로 해를 입다.
예) 할아버지가 심은 나무가 집 지하를 파고들어도 아버지는 동티가 난다면서 뽑아내지 않으셨다.

동티가 나다.

바르게 써 보세요

피가 마르다.

걱정이 나 화가 최고에 올라 몹시 괴롭다.
예) 아이가 늦게까지 집에 오지 않으면 부모는 피가 마른다.

관용어 십자퍼즐

1. 무엇을 간절히 하고 싶거나 원할 때 사용하는 표현입니다.

2. 너무 걱정이 되어서 속이 타는 듯하다.

3. 먹은 것이 너무 적어 먹으나 마나 하다.

4. 마음이 차분해져 일할 마음이 내키고 능률이 날 때 하는 말이죠.

5. 더는 어떻게 할 수 없는 절박한 경우를 가리키는 말이에요.

6. 사물의 간격이나 틈이 아주 작은 것을 나타내요. 갯수나 정도의 차이가 매우 적을 때도 사용하는 표현입니다.

1. 거리낌 없이 아주 쉽게 예사로 하는 모양을 가리키는 말이에요.

2. 몹시 괴롭거나 힘이 들어 기운이 다하다.

3. 머리를 깊이 숙이다는 표현.

4. 지나치게 겁이 없는 사람을 가리켜 이렇게 말하죠.

5. 약점을 잡아 꼼짝 못하게 한다는 무서운 말이에요.

관용어 전체

가랑이가 찢어지다
몹시 가난하다. 또는 하는 일이 힘에 부치어 해나가기가 매우 벅차다.

가려운 곳을 긁어주다
남에게 꼭 필요한 것을 잘 알아서 그것을 시원하게 만족시켜 주는 것을 이르는 말

가슴을 저미다
생각이나 느낌이 매우 간절하여 가슴을 칼로 베는 듯한 아픔을 느끼게 하다.

가슴이 찔리다
심한 양심의 가책을 받다.

가슴이 찢어지다
슬픔이나 분함 때문에 가슴이 째지는 듯한 고통을 받다.

간담이 서늘하다
몹시 놀라서 갑자기 소름이 끼치도록 무섭고 끔찍한 느낌이 들다.

간발의 차이
서로 엇비슷할 정도의 아주 작은 차이

간에 기별도 안 가다
먹은 것이 너무 적어 먹으나 마나 하다.

간이 붓다
지나치게 겁이 없다.

간이 콩알만해지다
몹시 겁이 나서 불안하고 초조하여 마음을 펴지 못하다.

강 건너 불구경
자기에게 관계없는 일이라고 무관심하게 바라보는 모양

개 발에 땀 나다
땀이 잘 나지 않는 개 발에 땀이 나듯이 부지런히 노력해서 어려운 일을 해내다.

게 눈 감추듯
음식을 허겁지겁 빨리 먹어 치우는 모습

고삐 풀린 망아지
거칠게 행동하는 사람을 이르는 말. 보통 어떤 통제에서 벗어나 자유로워진 사람을 일컫는다.

골머리를 썩이다
몹시 애를 쓰며 생각에 몰두하다.

귀가 간지럽다
남이 자기 말을 하는 느낌을 받다.

귀가 번쩍 뜨이다
들리는 말에 선뜻 마음이 끌리다.

귀에 못이 박히다
같은 말을 여러 번 듣다.

귀에 익다
어떤 말이나 소리를 자주 들어 버릇이 된다는 의미. 들은 기억이 있다.

낯가죽이 두껍다
　부끄러운 줄 모르도록 염치가 없다. '얼굴이 두껍다'

낯을 붉히다
　부끄럽거나 성이 나서 얼굴 빛이 붉어지다.

누구 코에 바르겠는가
　여러 사람에게 나누어 주어야 할 물건이 너무 적을 때 사용하는 표현. '누구 입에 붙이겠는가'

눈물이 앞서다
　말을 하지 못하고 눈물을 먼저 흘리다.

눈에 밟히다
　잊히지 않고 자꾸 떠오르다.

눈에 불을 켜다
　몹시 욕심을 내거나 관심을 기울이다. 화가 나서 눈을 부릅뜨다. '눈에 불을 달다'

눈이 뒤집히다
　충격적인 일을 당하거나 어떤 일에 집착하여 이성을 잃다. 화가 나서 보이는 것이 없다.

눈에 선하다
　지난 일이나 모양이 눈앞에 생생하게 보이는 것처럼 기억하다.

다리품을 팔다
　자기가 직접 이것저것 고생하며 알아본다는 뜻. '발품을 팔다'

도깨비에 홀린 것 같다
　돌아가는 상황을 알 수 없어 정신을 차리지 못할 때 쓰는 말

동티가 나다
　건드려서는 안 될 것을 건드려 스스로 해를 입다.

두말하면 잔소리
　이미 말한 내용이 틀림없으므로 더 말할 필요가 없음을 강조하는 표현

등골이 서늘하다
　두려움으로 아찔하고 등골(등 한가운데로 길게 고랑이 진 곳)이 떨리다.

때 빼고 광내다
　몸치장을 하고 멋을 내다.

똥줄이 타다
　몹시 힘이 들거나 마음을 졸이는 상황

뜸을 들이다
　일이 잘 이루어지도록 일정한 상태에서 충분히 익게 하다. 말과 행동이 느린 사람을 표현하기도 합니다.

마음에 두다
　잊지 않고 마음속에 새겨 두다.

마음은 굴뚝 같다
　무엇을 간절히 하고 싶거나 원하다.

막다른 골목
　더는 어떻게 할 수 없는 절박한 경우

머리가 굵다
　머리가 크다. 즉 성인이 되다.

머리를 모으다
　여러 사람의 의견을 종합하다.

목에 힘을 주다
　잘난 체하며 남을 깔보는 듯한 태도를 갖다.

목을 조이다
　약점을 잡아 꼼짝 못하게 하다.

몸을 던지다
　온갖 정열을 다 기울여 어떤 일에 열중하다.

몸이 달다
　몹시 하고 싶거나 기다려서 마음이 조급해지다.

무릎을 치다
　갑자기 놀라운 사실을 알게 되거나 희미한 기억이 되살아날 때, 또는 몹시 기쁠 때 쓰는 표현

문지방이 닳도록 드나들다
　문지방이 닳아 없어질 만큼 자주 왔다 갔다 한다.

발 들여놓을 자리 하나 없다
　사람이 너무 많이 있어 매우 비좁다. 많은 물건이 질서 없이 놓여 있을 때도 사용하는 표현

발에 차이다
　여기저기 흔하게 널려 있다. '발에 채다'

발을 끊다
　오가지 않거나 관계를 끊다.

발이 넓다
　아는 사람이 많아 활동하는 범위가 넓다.

발이 묶이다
　몸을 움직일 수 없거나 활동할 수 없는 상태가 되다.

배를 두드리다
　생활이 풍족하거나 살림살이가 풍부하여 여유롭게 지내다.

배를 불리다
　재물이나 이득을 많이 차지하여 개인적인 이익과 욕심을 채우다.

벼락 맞을 소리
　천벌을 받아 마땅할 만큼 당치 않은 말

변죽을 울리다
　콕 집어 말을 하지 않고 돌려서 말을 하다.

부아가 나다
　부아가 돋다. 분한 마음이 나다.

뼈와 살이 되다
　정신적으로 도움이 되다.

살을 깎고 뼈를 갈다
　몸이 마를 만큼 몹시 고생하며 애쓰다.

삼십육계 줄행랑을 놓다
　매우 급하게 도망 치는 모습을 표현하는 말

삼천포로 빠지다
　이야기가 옆길로 빠지거나 어떤 일을 성실하게 하다가 엉뚱하게 그르치는 경우에 쓰는 말

색안경을 쓰다
　있는 그대로 보지 않고 선입견을 가지다.

서슬이 푸르다
기세가 무섭고 등등하다.

소리 소문도 없이
드러나는 것 없이 슬그머니

속이 끓다
화가 나거나 억울한 일을 당해서 분한 마음이 치밀어 오르다.

손끝이 여물다
일하는 것이 빈틈 없고 매우 꼼꼼하다.

손에 땀을 쥐다
아슬아슬하여 마음이 조마조마하도록 몹시 애닯다.

손에 잡히다
마음이 차분해져 일할 마음이 내키고 능률이 나다.

손이 크다
씀씀이가 후하고 크다.

식은 죽 먹기
거리낌 없이 아주 쉽게 예사로 하는 모양

아픈 곳을 건드리다
상대방의 약점이나 허점을 말하거나 지적하다.

애가 타다
너무 걱정이 되어서 속이 타는 듯하다.

애간장을 태우다
몹시 초조하고 안타까워서 속을 많이 태우다.

어깨가 무겁다
무거운 책임을 져서 마음에 부담이 크다.

어깨를 겨누다
어떤 사람과 높고 낮음이 없이 비슷한 위치에서 실력을 겨룰 때 쓰는 말. '어깨를 견주다'

얼굴이 반쪽이 되다
병을 앓거나 고통을 겪어 얼굴이 수척해지다.

엉덩이가 구리다
잘못을 저지른 사람 같다는 말로 쓰여요.

엉덩이가 근질근질하다
한군데 가만히 앉아 있지 못하고 자꾸 일어나 움직이고 싶어하는 모습

엉덩이가 무겁다
한번 자리를 잡고 앉으면 좀처럼 일어나지 않는다. '엉덩이가 질기다' '밑이 무겁다'

열을 올리다
① 흥분하여 화를 내다 ② 무엇에 열중하거나 열성을 보이는 모습 ③기세를 높이다

오금이 저리다
공포감 따위에 맥이 풀리고 마음이 졸아들다.

오도 가도 못하다
한곳에서 자리를 옮기거나 움직일 수 없는 상태가 되다. 같은 말로 '가도 오도 못하다'

이마에 피도 안 마르다
아직 어른이 되려면 멀었다. 또는 나이가 어리다.

입만 아프다
  여러 번 말하여도 받아들이지 않아 말한 보람이 없다.

입 밖에 내다
  어떤 생각이나 사실을 말로 드러내다.

입에 풀칠하다
  굶지 않고 겨우 먹고살아 가다.

입을 모으다
  여러 사람이 같은 의견을 말하다.

입을 씻다
  이익 따위를 혼자 차지하거나 가로채고서는 시치미를 떼다.

입이 가볍다
  말이 많거나 들은 얘기를 여기저기 함부로 옮기는 사람을 가리키는 말. 반대는 '입이 무겁다'

입이 무겁다
  말이 적거나 들은 얘기를 함부로 옮기지 않는 사람을 가리키는 말. 반대는 '입이 가볍다'

입이 쓰다
  못마땅하여 기분이 언짢다. '입안이 쓰다'

입이 짧다
  음식을 심하게 가리거나 적게 먹다.

정신이 팔리다
  제 할 일을 잊을 정도로 다른 데 정신이 쏠리다.

젖 먹던 힘이 다 든다
  무슨 일이 몹시 힘들다. 비슷한 속담으로는 '젖 먹은 힘까지 다 낸다'

종이 한 장 차이
  사물의 간격이나 틈이 아주 작을 때 쓰는 말. 갯수나 정도의 차이가 매우 적을 때도 사용합니다.

주먹이 울다
  속 마음 같아서는 주먹으로 때리고 싶으나 참는다.

죽을 똥을 싸다
  어떤 일에 몹시 힘을 들이다.

쥐 새끼 한 마리 얼씬하지 않다
  사람은커녕 움직이는 동물도 찾아볼 수 없을 만큼 조용하다. '개 새끼 한 마리 얼씬하지 않다'로도 씁니다.

진이 빠지다
  싫증이 나거나 실망해서 할 마음이 없어지다. 또는 힘을 다 써서 기진맥진해지다.

코가 납작해지다
  몹시 무안을 당하거나 기가 죽다.

코가 높다
  잘난 체하고 뽐내는 기세가 있다.

코가 땅에 닿다
  머리를 깊이 숙이다.

코가 빠지다
  걱정거리에 싸여 기가 죽고 맥이 빠진 모습

코 먹은 소리
  코가 막혀서 부자연스럽게 콧속을 울려 나는 소리

코 묻은 돈
  어린아이가 가진 적은 돈
코 묻은 떡
  하는 짓이 몹시 치사하고 지저분하다.
코빼기도 못 보다
  도무지 나타나지 않아 어디에서도 전혀 볼 수 없다.
코에서 단내가 나다
  몹시 힘들게 일해서 몸이 피로하다.
탈을 벗다
  거짓으로 꾸민 모습을 버리고 본래의 모습을 드러내다
털끝도 못 건드리게 하다
  조금도 손을 대지 못하게 할 때 쓰는 표현
팔을 걷어붙이다
  어떤 일에 뛰어들어 적극적으로 나서다. '팔소매를 걷다'라고도 합니다.
피가 마르다
  걱정이 나 화가 최고에 올라 몹시 괴롭다.
피도 눈물도 없다
  조금도 인정머리가 없다.
피를 말리다
  몹시 속을 썩이거나 괴롭혀 애가 타게 만들다.
하늘이 노래지다
  갑자기 힘이 다하거나 큰 충격을 받아 정신이 아찔하다.
학을 떼다
  괴롭거나 어려운 상황을 벗어나려고 진땀을 빼거나 그것에 거의 질려버리다.
해가 서쪽에서 뜨다
  전혀 예상 밖의 일이나 절대로 있을 수 없는 희한한 일을 하였을 경우를 빗대어 이르는 말
허리가 휘다
  경제적으로 힘들어져 생활이 어려운 상태가 되다. 심하게 힘든 일을 한 후 느끼는 힘겨운 상태
허리를 잡다
  웃음을 참을 수 없어 고꾸라질 듯이 마구 웃다.
허리를 펴다
  어려운 고비를 넘기고 편하게 지낼 수 있게 되다.
허파에 바람이 들다
  지나치게 웃거나 실없이 행동하는 사람을 표현하는 관용어
혀가 꼬부라지다
  병이 들거나 술에 취해서 혀가 굳어 말하는 것이 뚜렷하지 않다.
호떡집에 불난 것 같다
  왁자지껄하게 떠들어 시끄럽다.
화살을 돌리다
  다른 사람에게 받는 지적이나 공격 등을 다른 쪽으로 돌릴 때 사용하는 표현
흰 눈으로 보다
  업신여기거나 못마땅하게 여기다.

▶ P.9 숨은그림찾기 답

▶ P.45 숨은그림찾기 답

제조국 대한민국
제조자 굿인포메이션(스쿨존)
제조년월 2016년 10월
사용연령 6세 이상 어린이 제품
주의사항 종이에 베이거나 긁히지 않도록 조심하세요.

관용어 따라쓰기 1　ISBN 978-89-94113-37-1 73370 ‖ 초판 1쇄 펴낸날 2016년 10월 30일 ‖ 2차개정 1쇄 2020년 8월 31일
기획 그루터기 ‖ 일러스트 유세환, 강승구 ‖ 펴낸이 정혜옥 ‖ 펴낸곳 굿인포메이션(스쿨존)
출판등록 1999년 9월 1일 제1-2411호 ‖ 주소 04779 서울시 성동구 뚝섬로 1나길 5(헤이그라운드) 7층
전화 02)929-8153 ‖ 팩스 02)929-8164 ‖ E-mail goodinfozuzu@hanmail.net

■ 스쿨존은 굿인포메이션의 자회사입니다. ■ 잘못된 책은 본사나 구입하신 서점에서 바꾸어 드립니다.
■ 이 책은 스쿨존이 저작권자와의 계약에 따라 발행한 것이므로 본사의 서면허락 없이는 어떠한 형태나 수단으로도 내용을 이용하지 못합니다.

도서출판 스쿨존은 교사, 학부모님들의 소중한 의견을 기다립니다. 책 출간에 대한 기획이나 원고가 있으신 분은 이메일 goodinfozuzu@hanmail.net으로 보내주세요.